すみっコぐらし

英会話

監修／サンエックス

はじめに

とんでもなくたくさんある英会話の書籍の中から『すみっコぐらしの英会話』を
手にとっていただき、ありがとうございます。

すみっコぐらしが大好きで、かわいいキャラがつらなるページに胸を撃ち抜か
れた人。
英語は苦手だけど、シンプルな構成がとっつきやすそうとお財布の紐を緩めて
くれた人。
いろんな方がいると思いますが、どちらの需要にもお応えできるような内容に
なっていると自信をもっています。どうか最後まで読んでいただけますように。

「これからは英語が必要」
と、ずっと前からいわれてきました。
でも、必要とされる英語は、どれほど日本で暮らす人々に浸透しているでしょう。
最近では、いたるところで海外からいらっしゃった方を見かけます。
たまに目が合うと、話しかけられたりします。
そのときあなたは……どんな行動をするでしょう。

心拍数があがり、同時に歩くスピードもあがり…
「ソーリー」などといって、その場から逃げたりしていないでしょうか。
ふり返ってみると、話しかけた人はションボリしているかもしれません。

立場を置きかえて……どこかに旅に出かけたとしましょう。

そこであなたは見知らぬ人に話しかけます。それは、どんなときでしょう。

何かに困ったり、だれかと共有したい楽しい話題があって話しかけるはずです。

同じ言葉が話せれば、人助けができるかもしれないし、思わぬ友だちができる

かもしれません。そういう機会は、たくさんあった方がわくわくしませんか。

本書には、カジュアルな、口語の英語表現をたくさん盛り込みました。ネイティ

ブスピーカーが、普段の生活で使いそうな言い回しを味わってみてください。

テスト英語には適さないかもしれません。

でも、いつかどこかで役に立つかもしれません！

今まさに英語を勉強されている方はもちろん、これまでに英語を勉強してきた

けども、あまり得意ではない、むしろコンプレックスをもっている…

という方々にとって、本書が英語に興味をもっていただくきっかけとなれば幸い

です。

CONTENTS

も く じ

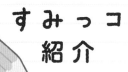

CHARACTERS
すみっコ紹介

しろくま

北からにげてきた、さむがりでひとみしりのくま。あったかいお茶をすみっこでのんでいる時がいちばんおちつく。

とんかつ

とんかつのはじっこ。おにく1%、しぼう99%。あぶらっぽいからのこされちゃった…

ぺんぎん？

自分はぺんぎん？ 自信がない。昔はあたまにおさらがあったような…

06

ねこ

はずかしがりやで気
が弱く、よくすみっこ
をゆずってしまう。
体型を気にしている。

とかげ

じつは、きょうりゅ
うの生きのこり。
つかまっちゃうので
とかげのふり。
みんなにはひみつ。

たぴおか

ミルクティーだけ先にのまれて
吸いにくいからのこされてしまっ
た。ひねくれもの。

えびふらいのしっぽ

かたいから食べのこされた。
とんかつとは こころつうじる友。

本書の使い方

通常ページ

> POINT
>
> すみっコらしいかわいい言い回しを、5〜7語程度の短い英文にしています。音声といっしょに読めば、より楽しく覚えられます。

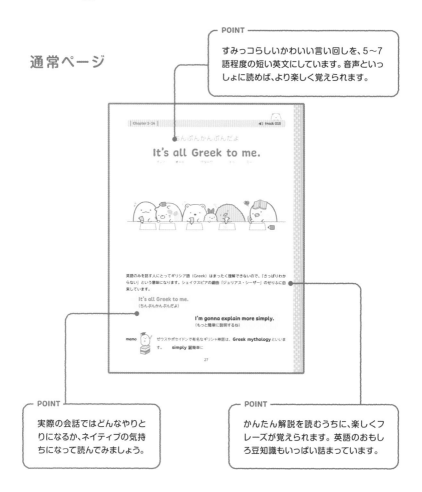

> POINT
>
> 実際の会話ではどんなやりとりになるか、ネイティブの気持ちになって読んでみましょう。

> POINT
>
> かんたん解説を読むうちに、楽しくフレーズが覚えられます。英語のおもしろ豆知識もいっぱい詰まっています。

場面別フレーズ

--- POINT ---

「おかいもの」「のりもの」などの日常会話で役立ちそうなシーンを10個集めました。その場で想定される会話の中でのイチ押しフレーズを紹介します。

--- POINT ---

以下のURLから音声をダウンロードして、ネイティブの発音を聞いてみましょう。

無料音声(mp3形式)

http://staff.liberalsya.com/?eid=150

※パソコンやスマホなどからアクセスできます。圧縮されたZIP形式としてダウンロードされますので、ソフトやアプリ等で解凍してからご利用ください。

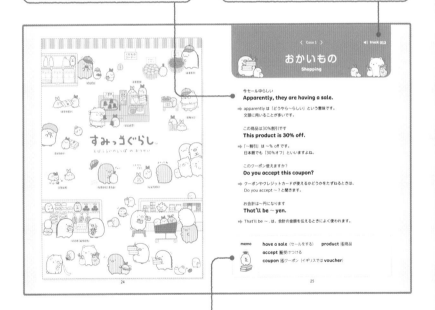

< Case 1 >　　　　◀ track 013

おかいもの
Shopping

今セール中らしい
Apparently, they are having a sale.

⇒ apparently は「どうやら～らしい」という意味です。
文頭に用いることが多いです。

この商品は30%割引です
This product is 30% off.

⇒ 「～割引」は ～% off です。
日本語でも「30%オフ」といいますよね。

このクーポン使えますか?
Do you accept this coupon?

⇒ クーポンやクレジットカードが使えるかどうかをたずねるときは、
Do you accept ～? と聞きます。

お会計は～円になります
That'll be ～ yen.

⇒ That'll be ～. は、会計の金額を伝えるときによく使われます。

memo　　have a sale（セールをする）　　product 图商品
　　　　accept 働受け付ける
　　　　coupon 图クーポン（イギリスでは voucher）

24　　　　　　　　　　　　　　　25

--- POINT ---

覚えておくと便利な単語や、解説で紹介しきれなかった&でも絶対に覚えてほしい情報を載せました。

Chapter 1

は な す

すみっコたちは集まると、どんな会話をするのかな
想像してみると楽しいんです

久しぶり！

Great to see you again!

グレイ　　　　トゥ　　スィー　　ユー　　　アゲイン

Long time no see. よりも、再会を喜ぶ気持ちがこもった表現です。great は nice や good にいい換えることもできます。どれを使ってもかまいません。

Great to see you again!
(久しぶり！)

You haven't changed.
(変わってないね)

memo　　　**change** 動変わる　　**haven't changed** で、(以前から今までず〜っと)
「変わってないね」という意味になります。

元気にしてた？

How have you been?

ハウ　　　　　ハヴ　　　　ユー　　　　ビーン

人に久しぶりに会ったとき、必ずといっていいほど聞かれるフレーズです。答え方もほぼ決まっているので、まとめて覚えておくといいですよ。

How have you been?
（元気にしてた？）

I've been good.
（元気にしてたよ）

memo 「元気にしていた」と答えるときは、**good**、**well**、**fine**、**great** がよく使われます。

13

今日はよろしくお願いします

I'm looking forward to our class today.

アイム　ルッキン　フォワード　トゥ　アワ　クラス　トゥディ

何かをはじめるときの「よろしくお願いします」に当たる挨拶が英語にはありません。これから
パン教室で習うなら、「今日のクラスを楽しみにしています」というと、いい雰囲気になるでしょう。

I'm looking forward to our class today.
（今日はよろしくお願いします）

Enjoy our class.
（楽しんでくださいね）

memo 「パン教室」は **bread baking class** といいます。

言葉にできない

It's more than words can describe.

イッツ　　モア　　ザン　　ワーズ　　キャン　　ディスクライブ

わぁ〜

良くも悪くも言葉ではいい表せないほどの状況になったときのひと言です。本当に感動すると、Wow! の後に言葉が続かなくなってしまうことがありますよね。

It's more than words can describe.
（言葉にできない）

Wow, I've never seen anything like this.
（わぁ、こんなの見たことない）

memo **more than** 〜（〜を超える）　　**describe** 動描写する

never 副今までに〜したことがない

15

わかるなぁ

I get it.

アイ　　　ゲリッ

相手の意見に同意したり納得したりするときに使える表現です。get には「理解する」という意味があり、understand よりもカジュアルないい方ですよ。

I get it.
（わかるなぁ）

Right?
（でしょ?）

memo　　**I got it.** と **get** を過去形にすると、「わかりました」「了解です」という意味
になります。

迷い中

I can't make up my mind.

アイ　　キャント　　　　メイカップ　　　　マイ　　　マイン

いっしょに行く人が多いと、行き先を決めるだけでも大変ですが、みんなで話し合いながら計画を立てるのも旅のだいご味の一つ（the best part of travel）ですよね。

I can't make up my mind.
（迷い中）

It's about time to decide.
（そろそろ決めようよ）

memo **make up one's mind**（決心する）

ほかに、「決める」は **decide**、**make a decision** などがあります。

なかよくしてね

I wanna get to know you.

アイ　　ワナ　　　ゲットゥ　　　ノウ　　　ユー

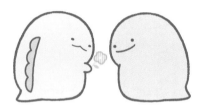

ともだちをつくるコツは、Hi, how are you doing?（元気？）と自分から積極的に話しかけること。英会話の上達には、多少の間違いは気にせずどんどん話すことが大切です。

I wanna get to know you.
（なかよくしてね）

Me too.
（こちらこそ）

memo　　**get to know**（知り合いになる）
　　　　me too（わたしも）

あのときはごめんね

I'm sorry for the other day.

アイム　　　ソーリー　　　フォー　　　ズィ　　　アザー　　　デイ

人に謝罪をするときに使います。人とちょっとぶつかってしまったときや、人前で咳やくしゃみをしたときには、I'm sorry. は大げさで、軽い謝罪の Excuse me. で十分です。

I'm sorry for the other day.
（あのときはごめんね）

Never mind.
（気にしないで）

memo　**I'm sorry** には「お気の毒に」という意味もあります。不幸な話を聞いたときの返しの言葉として使えます。

19

よく知ってるね

You really know your stuff.

ユー　　　　リアリー　　　　　ノウ　　　　ユア　　　　スタッフ

know one's stuff は特定の分野について、「豊富な知識がある」という意味です。be familiar with 〜 を使って、You are familiar with stars.(星にくわしいんだね)ということもできます。

You really know your stuff.
（よく知っているね）

Ask me anything about stars.
（星のことなら何でも聞いて）

 memo　　**stuff** には「物」「こと」という意味があり、**thing** のカジュアルな表現として使われます。

20

もう一度お願いします

Could you say that again?

クッジュー　　　　　　セイ　　　　ザッ　　　　アゲン

相手の話していることが聞き取れなかったときに使うのは、pardon だけではないのです。親しい友人との会話なら、What?（何？）やSorry?（ごめん）でも問題ありません。

You missed what I was saying?
（わたしが何ていったか聞いてなかったの？）

Sorry... Could you say that again?
（ごめんなさい、もう一度お願いします）

memo　　ゆっくり話してほしいときは、**Could you speak more slowly?** とお願いするとよいでしょう。

いろんなことがあったよね

A lot has happened.

ア　　ロット　　　ハズ　　　　　ハプンッ

「思い出話に花を咲かせる」は、We're talking about the good old days. です。the good old days は、「古き良き日々」ですが、その言葉自体に懐かしいという意味が込められています。

A lot has happened.
（いろんなことがあったよね）

I miss those days.
（あのころがなつかしいね）

memo **happen** 動起こる　　**miss** 動なつかしく思う

22

正直にいってね

Be honest with me.

ビー　　　　　オネスト　　　　ウィズ　　　ミー

思いのほかほめられると、「ほんとに？」と、それが相手の本心かどうか確かめたくなるものです。
そんなときにぜひ使ってみてください。

Be honest with me.
（正直にいってね）

I'm being honest.
（正直にいってるよ）

memo　いいにくい話を伝えるときは、**To be honest**、**Honestly** と切り出すこと
があります。

すみっコぐらし™
えびふらいのしっぽ の おつかい

おかいもの
Shopping

今セール中らしい
Apparently, they are having a sale.

➡ apparently は「どうやら〜らしい」という意味です。
文頭に用いることが多いです。

この商品は30%割引です
This product is 30% off.

➡「〜割引」は〜% off です。
日本語でも「30%オフ」といいますよね。

このクーポン使えますか?
Do you accept this coupon?

➡ クーポンやクレジットカードが使えるかどうかをたずねるときは、
Do you accept 〜?と聞きます。

お会計は〜円になります
That'll be 〜 yen.

➡ That'll be 〜 . は、会計の金額を伝えるときによく使われます。

---

memo	**have a sale**（セールをする） **product** 图商品
	accept 動受けつける
	coupon 图クーポン（イギリスでは **voucher**）

新しいともだちを紹介するね

I'd like you to meet my new friend.

アイド　　ライク　　　ユー　　　トゥ　　ミート　　マイ　　ニュー　　フレンド

ともだち
できた

よかったね

人を紹介するときによく使う表現です。欧米では初対面のときに握手を求められることがあります。そのときはお辞儀はせず、Nice to meet you. などといいながら握手をすればいいですよ。

I'd like you to meet my new friend.
（新しいともだちを紹介するね）

Pleased to meet you.
（お会いできてうれしいです）

memo 「紹介する」という意味の動詞 **introduce** を使うと、**I'd like to introduce you to my new friend.** ともいえます。

ちんぷんかんぷんだよ

It's all Greek to me.

イッツ　　オール　　グリーク　　トゥ　　ミー

英語のみを話す人にとってギリシア語（Greek）はまったく理解できないので、「さっぱりわからない」という意味になります。シェイクスピアの戯曲「ジュリアス・シーザー」のせりふに由来しています。

It's all Greek to me.
（ちんぷんかんぷんだよ）

I'm gonna explain more simply.
（もっと簡単に説明するね）

memo　ゼウスやポセイドンで有名なギリシャ神話は、**Greek mythology** といいます。　**simply** 副簡単に

話聞いてる？

Are you listening?

アー　　　ユー　　　　　リスニン

せっかく話をしているのに相手が上の空だったら、頭にきますよね。あまりにカチンときたなら、語気を強めて Hello! というのもアリですよ。

Are you listening?
（話聞いてる？）

I... I'm listening.
（き、聞いてるよ）

memo　　**hear** と **listen** の違いは、耳を傾けて聞いているかどうか。耳を傾けているなら、**listen** を使います。

28

行ってらっしゃい

Have a safe trip.

ハヴァ　　　　セイフ　　　　トリップ

旅行など数日間かけて出かけるともだちや家族を見送るときにいいます。「安全な旅行を！」というポジティブな呼びかけです。朝出かける家族に「行ってらっしゃい」というときは、Have a nice day! が使えます。

Have a safe trip.
（行ってらっしゃい）

Is there anything you want?
（お土産何がいい？）

memo 　**safe** 形 安全な　　**trip**（旅行）は比較的短期の旅行のときに使い、**a day trip** では「日帰り旅行」の意味になります。

29

□下手なもので

I'm not really good at talking.

アイム　　ナッ　　レアリー　　　　グダット　　　トーキン

「英語が苦手です」と伝えたいときに I can't speak English.（英語が話せません）というのは あまりおすすめできません。I'm not (really / very) good at English. のほうが自然です。

I'm not really good at talking.
（口下手なもので）

Don't be shy.
（はずかしがらないで）

memo　　**be not good at 〜**（〜が苦手）　　「下手」「苦手」を表すときは、**bad** よりも **not good** のほうがよく使われます。

30

二人だけの秘密だよ

It's just between us.

イッツ　　　ジャス　　　　　　ビトゥイーン　　　ナス

なめくじなんて
いえないよ…

うん…

秘密の話をしたときにぴったりの表現です。後に Promise to keep a secret.（だれにもいわないって約束してね）と念押しするのもいいかもしれません。

It's just between us.
（二人だけの秘密だよ）

I'll keep it a secret.
（秘密は守るよ）

 memo　**Just between you and me.** といっても同じ意味です。**just you and me** なら「わたしとあなただけ」＝「二人きり」の意味になります。

話があるんだけど

I have something to tell you.

アイ　　ハヴ　　　　　サムスィン　　　　トゥ　テル　　ユー

話したいことがあるときに、Do you have a minute?（いま、ちょっと時間はありますか？）と、相手に話を聞く時間があるかをたずねてから切り出す場合もあります。

I have something to tell you.
（話があるんだけど）

I have a bad feeling about this.
（嫌な予感がする）

 memo　　わずかな時間は、**minute** の代わりに **second** を使うこともできます。意味は変わりません。

どなたですか？

May I ask who you are?

メアイ　　　アスク　　　フー　　　ユー　　　アー

見た目がいつもと異なると、だれだかわからないときがありますよね。このようなときに Who are you?（お前はだれだ？）と聞くのは失礼ないい方なので、避けたほうがいいでしょう。

May I ask who you are?
（どなたですか？）

It's me.
（わたしだよ）

memo　　　自分のことを認識してもらえなかったときには、**Don't you recognize me?**（わたしがだれかわからないの?）と残念そうにいいましょう。

33

これ以上聞きたくない

I don't wanna hear this anymore.

アイ　ドウン　ワナ　ヒアー　ディス　エニーモア

こわいはなし

slumber party（おとまり会）に、scary story（こわい話）はつきもの。恐怖のあまりに眠れなくなってしまうなんてことも珍しくないですよね。

I don't wanna hear this anymore.
（これ以上聞きたくない）

Let me finish.
（最後までいわせて）

memo　こわい話に「ゾッとする」は、**I get chills when I hear a scary story.**
といいます。

34

もう行かなくちゃ

Gotta go.
ガタ　　　ゴウ

その場を離れようとするときに使うカジュアルな表現です。自分の都合で立ち去るのですから、はじめに I'm sorry, と謝罪の言葉をお忘れなく。

Gotta go.
（もう行かなくちゃ）

Aw, I was enjoying our chat.
（ああ、おしゃべり楽しかったよ）

 memo　　**Gotta go.** は、**I've got to go.**（行かなくちゃ）の省略形です。

chat 图おしゃべり

がっこう

At school

ノートをとるのは大変
I'm having a hard time taking notes.

➡ 「〜するのは大変」は、I'm having a hard time 〜 で表せます。

勉強って何のためにやるの？
Why do we study?

➡ 突然聞かれても To have a better life.（よりよい人生を送るため）くらいは答えられるようにしたいものです。

休み時間が待ち遠しい
I can't wait for a break.

➡ 学校の「休み時間」は break といいます。「昼休み」は lunch break です。

眠いけどがんばる！
I'm tired, but I'll do my best!

➡ 眠いというと sleepy を使いたくなりますが、tired のほうがよく使われます。

---

memo

take notes（ノートをとる）

better 形 よりよい

wait for（〜を待つ）

tired 形 疲れた、眠い

「すみっこ」は何という？

SNS で世界の人とすみっコぐらしについて語り合いたい。

海外でもすみっこの席で食事をしたい。

そんなすみっこ好きな方のために、英語の「すみっこ」をまとめました。

「すみっこ」は、英語で corner といいます。I can settle down when I'm in a corner.（すみっこにいるとおちつきます）のように使います。すみっこ＝corner さえ覚えておけば、ふだんの生活の中ですみっこを伝えられずに困ることはまずありません。

レストランですみっこの席にすわりたいときは I'd like a table in the corner. と頼み、すみっこまできちんとそうじ機をかけてほしいなら Can you vacuum the corners? とお願いしてみましょう。doodle in the corner of the notebook（ノートのすみっこに落書きをする）という表現も覚えておくと役に立つことがあるかもしれません。

もうひとつ、nook という言葉があります。こちらはすみっこの中でも、と

くに人目につかない場所を指し、「すみずみ」という意味の every nook and cranny という表現で主に使われます。Clean every nook and cranny of your room. といわれたら、部屋をすみずみまできれいにそうじしましょう。

corner と nook では表せないすみっこもあります。たとえば、「頭の片すみに置く」は、keep in mind です。また、「重箱のすみを楊枝でほじくる」は、nit-pick といいます。nit とはシラミのたまごのこと。つまり、シラミのたまごをとるように細かいことを問題にしてけちをつけるという意味です。

ここで紹介した表現は、すみっこ好きなら押さえておきたいものばかり。機会があったら、ぜひ使ってみてくださいね。

Chapter 2

あそぶ

すみっコたちは何をしてあそぶのでしょう
ちょっとだけ、のぞいてみましょう

あそべる？

Wanna hang out?
ワナ　　　　　　ハング　　　アウッ

いっしょにおもちゃであそんだり、スポーツをしたりするつもりなら play も使えますが、親しい友人と出かけたり、食事に行ったりしたいのなら hang out がぴったりです。

Wanna hang out?
（あそべる？）

I'd love to.
（ぜひ）

memo **Wanna 〜 ? = Do you want to 〜 ?**（〜したいですか？）という意味ですが、人を誘うときにもよく使われます。

すごく楽しい！

It's so much fun!

イッ　ソウ　マッチ　ファン

らうう〜

英語には「楽しい」という意味の言葉がいくつかありますが、代表的なのは fun です。so much をつけると「とても楽しい」、not so much をつけると「あまり楽しくない」という意味になります。

Hey, how's it going?

（やあ、楽しんでるかい？）

Yes, it's so much fun!

（ええ、すごく楽しい！）

memo　突風という意味の **blast** も「楽しい」の意味で使われます。**It was a blast.** で「とても楽しかったよ」です。

41

四つ葉のクローバーをさがすよ

We are trying to find a four-leaf clover.

ウィ　アー　トライング　トゥ　ファインダ　フォー　リーフ　クロウヴァー

四つ葉のクローバーは lucky charm（幸運のお守り）と考えられていることから、lucky clover とも呼ばれています。ladybug（てんとうむし）も幸運を呼ぶとされています。

We are trying to find a four-leaf clover.
（四つ葉のクローバーをさがすよ）

I've found one!
（見つけた！）

memo   **try to 〜**（〜しようとする）　**find** 動見つける

leaf 名葉　**charm** 名お守り

42

トランプしよう

Let's play cards.
レッツ　　　　プレイ　　　　カーズ

トランプは cards または playing cards といいます。trump は「切り札」という意味です。
I play my trump card.（切り札を出す）のように使います。

Let's play cards.
（トランプしよう）

Sounds fun. I wanna play Old Maid.
（いいね。ババ抜きしたい）

 memo　ババ抜きを指す **Old Maid** は「嫁ぎ遅れ」という意味。元々は **Queen** を1
枚抜いてゲームをし、最後に **Queen** が手もとに残った人が負けだったので、
この名になったそうです。

シューっとすべります

We are sliding down.

ウィ　　　アー　　　　スライディン　　　　ダウン

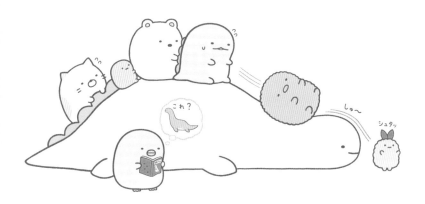

すべり台などをすべる場合は、slide down または go down を使います。「床がすべる」は
The floor is slippery.「ギャグがすべった」は The joke bombed. といいます。

We are sliding down.
（シューっとすべります）

3, 2, 1, go!
（3、2、1、シュー！）

memo　すべり台は **slide** といいます。ウォータースライダーは **water slide** です。
water slider とはいわないので注意!

44

いらっしゃい！

Thanks for coming!
サンクス　　　　フィー　　　　カミン

家にあそびに来てくれた人を迎えるときによく使われる表現です。そのあとに I'm happy to see you. (会えてうれしいよ) とつけ加えてもいいですね。

Thanks for coming!
(いらっしゃい！)

Thanks for inviting me.
(招待ありがとう)

memo 心待ちにしていたと伝えたいなら、**I've been expecting you.** です。「待ってたよ」に **wait** を使うと、(あなたが来るのが遅いから) 待ってたよというニュアンスになります。

45

よーい、ドン！

Ready, set, go!

レディ　　　　セッ　　　ゴウ

徒競走などのスタートの合図です。一度は耳にしたことがある人も多いのではないでしょうか。
「位置について」は、on your mark といいます。

Ready, set, go!
（よーい、ドン！）

I'm gonna catch you.
（待て待て）

memo **ready** は、**get ready**（準備する）というかたちでよく使います。「出かけ
る準備をしなさい」は、**Get ready to go out.** といいます。

46

仲間に入れて

Can I join you?

キャナイ　　　　ジョインニュー

Can I 〜 ? は頼みごとをしたり、許可を求めたりするときのカジュアルな表現です。丁寧ない
い方をしたいときは、May I 〜 ?、Do / Would you mind 〜 ? を使います。

Can I join you?
（仲間に入れて）

Let's play together.
（いっしょにあそぼう）

  memo　　**join** 動加わる、参加する　**Let's** 〜 **.** （〜しよう）
　　　　　together 副いっしょに

はい、チーズ！

Say, cheese!

セイ　　　　　チーズ

フォトサービス

はい にっこり

写真を撮影するときに使う一般的な表現です。Smile! もよく使います。撮影をお願いするときは、Excuse me, can you take a picture of us? とたずねましょう。

Say, cheese!
（はい、チーズ！）

Beautiful.
（よくとれてます）

memo 写真撮影の掛け声は国によって異なります。韓国の「キムチ」、メキシコの「テキーラ」のようにお国柄が表れているのもありますよ。

シャボン玉とばすよ

I'm making soap bubbles.

アイム　　メイキン　　ソウプ　　バボーズ

シャボン玉は soap bubble または単に bubble といいます。シャボン玉を「とばす」ですが、fly ではなく make を使います。吹いてとばすなら、blow を使うこともできます。

I'm making soap bubbles.
（シャボン玉とばすよ）

You made a big bubble.
（大きなシャボン玉ができたね）

 memo　シャボン玉液は **bubble solution** または **bubble soap** です。「シャボン玉液にひたす」は **Dip it into the bubble solution.** といいます。

やったー！

Yes!

イエス

喜びを表す最もシンプルな表現です。日本語の「やった―――！」のように、Yessss! と s の数を増やすこともあります。Hot dog!、Booyah!、Sweet! も同じように使えます。

Yes!
（やったー！）

I'm so jealous.
（いいなぁ）

 memo　くじの当たりはずれは、**win / lose** で表すことができます。

ブランコ押して

Push me on the swing.

プッシュ　　ミー　　オン　　ザ　　スウィン

ブランコは swing です。もしブランコに乗っている人がなかなか降りないなら、Ten more pushes, you should get off.（あと10回押したらおしまいね）といいましょう。

Push me on the swing.
（ブランコ押して）

OK. Hold on tight.
（いいよ。しっかりつかまってね）

 memo **swing** には「ブランコをこぐ」という意味もあります。「高いところまでブランコをこぐ」は、**swing high** といいます。

51

Sumikko gurashi™
Neko no kyodai ni deaimashita

おさんぽ

Wandering around

ポカポカしたお散歩日和です

It's warm and a perfect day for a walk.

➡ 「〜日和です」は、a perfect day for 〜 という表現がぴったりです。

みんな楽しそうにしています

Everyone is having fun.

➡ 会話やSNSでは、主語を入れずに Looks fun.（It looks like fun.の省略）ということもあります。

途中でともだちと会ったよ

I ran into a friend on my walk.

➡ ともだちとばったり会ったのであれば、meet ではなく run into か bump into を使います。

長話しちゃった

We had a long talk.

➡ 長話をしたという意味ですが、long を「ローーーング」と口の音を伸ばしていくことで「長話しちゃった」というニュアンスを強く出せます。

---

memo
warm 形暖かい　　**walk** 名散歩
run into （偶然会う）

夏といえば…すいか割り！

Summer is... watermelon splitting!

サマー　　　　イズ…　　　　ウォーターメロン　　　　スプリッティン

すいか割りは日本独自の遊びです。アメリカではパーティーで Pinata というキャンディが入っ
たくす玉を棒でたたき割るゲームがあるので、It's similar to breaking a pinata. と説明する
とわかりやすいでしょう。

Summer is... watermelon splitting!
（夏といえば…すいか割り！）

You should blindfold properly.
（ちゃんと目隠しをしてね）

memo　　**split** 動割る　　**blindfold** 動目隠しする
properly 副ちゃんと

そっくり

You look alike.

ユー　　　　ルッカ　　　ライク

ぺち

「着ぐるみ」は costume といいます。ペンギンの着ぐるみは penguin costume、キャラクターの着ぐるみは mascot costume です。

You look alike.
（そっくり）

Do we look alike?
（そんなに似てるかな？）

memo **alike** 形似ている

mascot 名マスコット、キャラクター

きのこ狩りをします

We go mushroom hunting.

ウィ　　　ゴウ　　　　　マッシュルーム　　　　　ハンティン

「きのこ狩り」は mushroom hunting といいます。日本語と同じように hunt（狩り）という言葉を使うんですよ。山の中を歩き回って探し出すので、hunt で表現するのがしっくりきますね。

We go mushroom hunting.
（きのこ狩りをします）

What's this mushroom called?
（このきのこは何？）

memo　　果物狩りには、**hunt** ではなく、**picking** を使います。「いちご狩り」は
　　　　strawberry picking といいます。

来た！

I got one!

アイ　ゴット　　　ワン

魚がかかったときに使うフレーズです。「釣り」は fishing、「釣りに行く」は go fishing といいます。魚が釣れたら、I caught a fish. のように catch を使って表現します。

I got one!
（来た！）

Reel it in !
（巻いて！）

 memo　　**catch** 動取る

reel in（リールを巻く）

落書きするよ

We are drawing graffiti.

ウィー　　　　アー　　　　　　　ドローイン　　　　　　グラフィティ

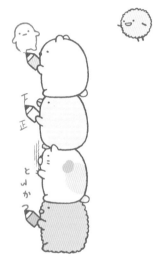

graffiti は「壁の落書き」のことです。ノートに書く落書きは doddle や sketch といいます。「殴り書き」という意味の scribble も使うことがあります。No graffiti と書かれているところは落書き禁止です。

We are drawing graffiti.
（落書きするよ）

Oops! You have to erase it.
（おっと！　消しなさいよ）

memo 壁の落書きを消すなら **remove** ですが、紙に書いた落書きを消す場合は
erase を使います。

すべて手づくりなんです

All of these are made by hand.

オーロブ　　ディーズ　　アー　　メイド　　バイ　　ハン

「動物のぬいぐるみ」は stuffed animal です。ペンギンのぬいぐるみなら、stuffed penguin のようにいいます。人形のぬいぐるみは、rag doll と呼ばれています。

All of these are made by hand.
（すべて手づくりなんです）

How adorable!
（かわいい！）

memo　　「手づくり」は、**made by hand** のほかに、**handmade** といういい方も

あります。　　**adorable** 形 かわいい

負けないもん

I won't lose.

アイ　　ウォント　　ルーズ

「枕投げ」の訳として使われる pillow fight。これは枕で相手とたたき合う遊びなので、厳密には異なるものです。毎年 4 月の第一土曜日には世界各地で pillow fight の大会が開かれています。

I won't lose.
（負けないもん）

You got me.
（参りました）

memo　　**won't** は **will not** の省略形です。

pillow 名枕

電車ごっこをしてるんだね

You are playing train.

ユー　　　アー　　　プレイング　　トレイン

「ごっこ遊び」はplay 〜と表現します。「お医者さんごっこ」は play doctor、「おままごと」は play house、「鬼ごっこ」は play tag といいます。「鬼」は it で表します。I'm it. は、「わたしが鬼だよ」という意味になります。

You are playing train.
（電車ごっこをしてるんだね）

He'll be an operator.
（彼が運転手役をやるよ）

 memo 「電車の運転士」は、**a train operator** または **a train driver** と呼ばれています。

61

海でぷかぷか浮くよ

I'm floating in the ocean.

アイム　　　　フロウティング　　　イン　　ズィ　　　　　オウシャン

海でぷかぷか浮くのはとても気持ちいいのですが、しばらく浮かんでたら、「沖へ流されていた」（I got caught in a rip current.）なんてことがないように注意してくださいね。

I'm floating in the ocean.
（海でぷかぷか浮くよ）

Be careful not to drown.
（おぼれないように気をつけてね）

 memo　　**float** 動浮く　　**drown** 動おぼれる

たんぽぽのわたをとばすよ

I'm blowing dandelion fluff.

アイム　　　　　ブロウイン　　　　　　ダンデライオン　　　　フラッフ

わた毛を飛ばすときにふーっと息を吹くので、blow を使います。「たんぽぽ」は dandelion。
フランス語の「ライオンの歯」という言葉に由来します。とがった葉がライオンの歯に似ている
からついた名です。

I'm blowing dandelion fluff.
（たんぽぽのわたをとばすよ）

I'm gonna pick another one.
（もう一本つもうっと）

memo　　**blow** 動吹く　　**fluff** 名わた毛　　**pick** 動つむ

another 形もう一つの

みんなで輪になって

Let's make a circle together.

レッツ　　　　メイカ　　　サークル　　　　トゥギャザー

欧米の子どもたちが輪になって歌う歌といえば Ring-a-Ring o'Roses です。かごめかごめのように鬼はいませんが、歌いながらぐるぐる回り、最後にしゃがむところは似ています。

Let's make a circle together.
（みんなで輪になって）

Don't let go.
（はなしちゃだめだよ）

 memo　　**circle** 图輪
　　　　let go 〜（〜をはなす）

世界を旅しているみたい

I feel like I'm traveling the world.

アイ　フィール　ライク　アイム　トラベリング　ザ　ワールド

観光地などに置かれている顔はめパネルは comic foreground といいます。世界の名所を描いた comic foreground をつくるもよし、海外の民族衣装を着るもよし、旅気分にひたれる方法はたくさんありますね。

I feel like I'm traveling the world.
（世界を旅しているみたい）

Put your face there.
（顔を出して）

memo **I feel like traveling in the world.** というと、「世界を旅したい」という意味になってしまいます。**like** の後の **I'm** を省略しないようにしましょう。

たび
Traveling

3泊4日の旅に出ます
I'm going on a three-night trip.

➡ 3 night trip といえば 3泊4日の旅ということがわかるので、three nights and four days とはいいません。

この街の見どころはどこでしょう？
Where are some must-see places in this town?

➡ Do you have any recommendations for tourist attractions?（おすすめの観光名所はありますか？）と聞くのもいいですね。

この辺の地図がほしいのですが
Can I have a map for around here?

➡ 何かがほしいときは、I want ～ ではなく、Can I have ～ ? といいましょう。

（タクシーなどで）～までお願いします
Can you take me to ～ ?

➡ どこかに連れて行ってほしいときにも使える表現です。

---

memo

短期間の旅行は **trip**、長期間の旅行は **travel** です。

must-see place（見どころ）

take 動 連れて行く

COLUMN

会話のはじめに使ってみよう

ネイティブがよく使う言葉を３つ紹介します。

会話のはじめにさらっというだけで、表現の幅がぐっと広がりますよ。

Actually

「実は」「本当は」という意味です。予想や外見に反し、実際はこうなんだよといいたいときに使います。さらに、気が変わったときの「やっぱり」、新しい話題を切り出す「ところで」という意味でも使うことができます。使い勝手がいいので、口ぐせになっているネイティブも多いとか。

Hopefully

「できれば～だといいな」という願望を表すときに使います。Hopefully の後には、実現可能な望み、または起こってほしいことを続けていいます。会話のはじめに使うことに首をかしげる人もいますが、ほとんどのネイティブがあたりまえのように使用しているので、まったく問題ありません。

Probably

「たぶん」「おそらく」という意味です。英語には、可能性を表す言葉がいくつかあります。可能性の高い順に並べると、probably > maybe > perhaps > possibly となります。 Probably, it will rain tomorrow. というと、かなりの確率で雨がふるはずです。可能性の度合いによって使い分けてみてくださいね。

Chapter 3

たべる

すみっコたちの「いただきま〜す」から
「ごちそうさま！」まで…どんなドラマがあるのかな

かんぱい！

Cheers!

チアーズ

「Toast!」も定番の言葉です。「〜を祝して乾杯」は、Here's to 〜 . を使って、Here's to your bright future.（お二人の輝かしい未来に乾杯）のようにいいます。

Cheers!
（かんぱい！）

Bottoms up!
（一気に飲み干して！）

 memo　**Cheers!** は、カジュアルなお礼（ありがとう!）や挨拶の言葉としても使われることがあります。**It's on me.**（おごるよ）も覚えましょう。

ひと□ほしいなぁ

Can I have a sip?

キャナイ　　　　　　　　ハヴァ　　　シップ

飲み物をひと□もらいたいときの表現です。なお、スープは飲み物ではなく食べ物として考えられているので、Can I have a bite? または Can I have a taste? と聞きましょう。

Can I have a sip?
（ひと□ほしいなぁ）

Be careful, it's hot.
（熱いから気をつけてね）

memo **sip** 图（飲み物の）ひと□
bite 图（食べものの）ひと□

71

どれにしようかな？

What's it gonna be?

ワッツ　イッ　ガナ　ビー

いつもの　　お、おなじの…　ふき　ふき

メニューを見て、何を注文しようか迷っているときに使える表現です。注文するときは、I'll have 〜といいます。「いつものにするよ」は I'll have the usual. です。

Are you ready to order?

（ご注文はお決まりですか？）

What's it gonna be?

（どれにしようかな？）

memo　注文するときには、**Can I have 〜 ?** という表現もよく使います。

72

□もとについてるよ

There's something around your lips.

ゼアーズ　　　　サムスィン　　　　　アラウンド　　　　ユア　　　リップス

□もとに食べ物がついていることを教えてあげるときの表現です。相手やシチュエーションによっては、ジェスチャーでさりげなく指摘するほうがスマートですね。

There's something around your lips.
（□もとについてるよ）

Thanks for letting me know.
（教えてくれてありがとう）

 memo　　**around** 前〜の周りに　　**lip** 图くちびる
　　　　Thanks for 〜.（〜してくれてありがとう）

73

track 055

焼きたてです

Buns are freshly baked.
バンズ　　　アー　　　フレッシュリー　　　ベイクトゥ

bun は丸いパンのことです。メロンパンは a melon bun、クリームパン は a cream bun と いいます。あんパンやカレーパンにも bun を使います。bread は食パンです。

Buns are freshly baked.
（焼きたてです）

It looks mouth-watering.
（よだれがでそう）

 memo　　**freshly baked**（焼きたて）

「できたて」「つくりたて」は **freshly made** といいます。

頭がキーンとする

I got brain freeze.

アイ　　ゴット　　　　ブレイン　　　　　フリーズ

かき氷やアイスクリームなどを食べることで起こる頭痛を、英語では brain freeze といいます。
確かに、冷たいものを食べると、頭が凍りそうになりますよね。

I got brain freeze.
（頭がキーンとする）

Wanna have something hot to drink?
（温かいもの飲む？）

memo かき氷は **shaved ice** といいます。**shaved** は「削られた」という意味で、
削られた氷ということですね。

75

もったいない！

Don't waste food!

ドウン　　　　　　ウェイスト　　　　　　フード

しぼう99%

「Mottainai」がそのまま使われることもありますが、近い意味で That's wasteful! という表現があります。「食べものを粗末にしないで！」＝Don't be wasteful! というのが一般的です。

I can't eat any more.
（もう食べられません）

Don't waste food!
（もったいない！）

 memo　　**waste** 動 ～を無駄にする

Don't waste money.（浪費しちゃだめだよ）

ボリボリ…

Crunch crunch...

クランチ　　　　　　　　クランチ

crunch は、ボリボリ、バリバリ、カリカリなど、歯ごたえのある食感を表します。クッキー、せんべい、ナッツ、新鮮な生野菜の食感にぴったりな言葉です。

Crunch crunch...
（ボリボリ…）

That sounds delicious.
（いい音だね）

 memo　**sticky**（ねばねば）、**mushy**（どろどろ）、**jiggly**（ぷるぷる）、
gooey（ベタベタ）、**moist**（しっとり）もいっしょに覚えましょう。

つけすぎました

I put on too much.

アイ　　　プットン　　　　トゥー　　　　マッチ

にどづけ

ソースなどをつけすぎたときに使う言葉です。too much は「多すぎる」という意味です。「食べすぎた」は I ate too much. 、「寝すぎた」は I slept too much. といいます。

I put on too much.
（つけすぎました）

That will be fine.
（それでもおいしいよ）

memo とんかつソースは日本発祥です。英語では、**Japanese brown sauce**、
Tonkatsu sauce といいます。

こだわりのコーヒーです

This coffee is special.

ディス　　　　カフィー　　　イズ　　　スペシャル

日本語では「こだわりの〜」といういい方をよくしますよね。英語では special（特別な）、exclusive（ほかにはない）を使うと「こだわり」に近いニュアンスを伝えられます。

Good aroma of coffee.
（コーヒーのいい香りがします）

This coffee is special.
（こだわりのコーヒーです）

memo　コーヒーを注文するときに、ミルクやシロップを多めに入れてほしい場合は **extra** または **more** 〜、「少なめ」は **less** 〜、「抜き」は **no** 〜 と注文します。

79

あーん

Open wide.

オウプン　　　ワイド

おいしーい♪

「口を大きく開けてね」という意味です。Say Ahh. という表現もありますが、その場合は、お医者さんが患者さんに口を開けてほしいときにいうイメージです。

Open wide.
（あーん）

Isn't it too much?
（ちょっと多くない？）

memo **wide** は「幅広い」という意味でよく使われますが、この場合は「大きく」という意味です。

味見していい？

Can I have a taste?

キャナイ　　　　ハヴァ　　　　テイスト

taste には「味見」という意味があります。Can I taste this? と聞くこともできます。taste には「好み」「センス」という意味もあり、It's not my taste. (好みじゃない) のように使います。

Can I have a taste?
(味見していい？)

You might wanna add some more salt.
(もうちょっと塩を入れたほうがいいかも)

 memo　市場や屋台などのお店で「試食できますか?」と聞くときにも使えます。**Can I try this?** でも通じます。

おみせ
In a coffee shop

ご注文は何になさいますか？
What would you like to order?

➡ カジュアルな店では、Are you ready to order?、What can I get you? と聞かれることもあります。

今日のランチは何にする？
What do you feel like eating for lunch today?

➡ 「今日はランチに何を食べたい？」という意味です。What do you wanna eat for lunch today? ともいうことができます。

おすすめ料理は何ですか？
What do you recommend?

➡ ほぼ直訳ですが、ネイティブもよく使う表現です。

コーヒーもう一杯ください
Another coffee, please.

➡ 正しくは Can I have another coffee, please? ですが、Can I have は省略してもかまいません。

---

memo	
	order 動注文する
	feel like -ing（～したい気がする）
	recommend 動推薦する

なかなか吸えません

Tapioca balls are hard to suck up.

タピオカ　　　　ボールズ　　　アー　　　ハード　　トゥ　　サッカップ

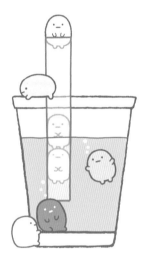

タピオカミルクティーは、bubble tea または boba tea といいます。hard to 〜 は、「〜することが大変・難しい」という様子を表します。そこから転じて、「〜できない」という意味になります。

Tapioca balls are hard to suck up.
（なかなか吸えません）

You finally did it.
（やっとできたね）

memo　**suck up**（吸い上げる）
　　　finally 副ようやく

夜食でも食べない？

Why don't we have a midnight snack?

ワイドン　　　　ウィ　　　　ハヴァ　　　　ミッドナイト　　　　スナック

日本語のスナックはポテトチップスなどのお菓子のことをいいますが、英語の snack は広い意味で軽食のことです。夜食は簡単な食事のことが多いので、meal ではなく snack を使います。

Why don't we have a midnight snack?
（夜食でも食べない？）

I'm putting on weight.
（太っちゃう）

memo **Why don't we 〜 ?**（〜しませんか?）

put on weight（太る）

何皿でもいけます

I can eat many plates of sushi.

アイ　キャン　イート　メニー　プレイツ　オブ　スシ

回転寿司は、conveyor belt sushi といいます。ついたくさん食べて、I ate way too much.
（食べすぎた）、I feel sick.（気持ち悪い）とならないように気をつけたいものです。

I can eat many plates of sushi.
（何皿でもいけます）

You should stop eating.
（そろそろごちそうさましたら？）

memo

plate は「皿」の中でも、平皿や小皿のことを指します。

マヨネーズかける？

Do you want some mayonnaise?

ドゥ　　　ユー　　　　ワン　　　サム　　　　メィヨネーズ

略して mayo ということもあります。アメリカのマヨネーズは大きなビンに入っていることが
多く、日本のようなチューブのタイプはほとんど見かけません。

Do you want some mayonnaise?
（マヨネーズかける？）

A little bit, please.
（少しだけかけて）

memo **Do you want 〜 ?** の代わりに **Would you like 〜 ?** もよく使います。

マヨネーズのように数えられないものは **some** をつけて「いくらか」を表します。

ほっぺが落ちそう

It's scrumptious.

イッツ　　　　　　スクラムプシャス

good や yummy の「おいしい」ではなく、「すごくおいしい」といいたいときに使う表現です。
awesome、amazing、great もよく使われます。

It's scrumptious.
（ほっぺが落ちそう）

It's OK for me.
（わたしにとっては普通かな）

memo **scrumptious**（すごくおいしい）は、「すばらしい」と人や服をほめるときに
も使えます。

どれから食べよう？

What should I eat first?

ワッ　　　　　　　シュダイ　イート　ファースト

巻きずしは sushi roll、いなりずしは sushi pocket、ちらしずしは assorted sashimi on rice といいます。さび抜きがほしいときは、without wasabi, please とお願いしましょう。

What should I eat first?
（どれから食べよう？）

I can't decide which to eat.
（迷っちゃう）

memo **tuna**（まぐろ）、**salmon**（鮭）、**scallop**（ほたて）、**omelet**（たまご）、 **cucumber roll**（かっぱまき）も覚えましょう。

トリプルください

I'll have a triple.

アイル　　　　　ハヴァ　　　　トリプル

アイスクリームの注文は、I'll have a triple, vanilla, chocolate, strawberry in a cone. のように、I'll have ＋サイズ＋フレーバー＋コーン（かカップ）の順でいいます。

I'll have a triple.
（トリプルください）

In a cup or in a cone?
（カップとコーン、どちらになさいますか?）

 memo 「〜をください」と注文するときは、**I'll have 〜** または **Can I have 〜 ?** を使います。

ねこじたなもので

I can't drink hot drinks.

アイ　　　キャント　　　　　ドリンク　　　　ホッ　　　　ドリンクス

ほっ・・・

「ねこじた」は cat's tongue とはいいません。「熱いものは食べられない／飲めない」といえば、十分伝わります。Don't make it too hot.（熱くしないで）と事前にお願いするのもいいですね。

I can't drink hot drinks.
（ねこじたなもので）

So, you are drinking iced coffee.
（だからアイスコーヒーを飲んでるのね）

memo **(Has the) Cat got your tongue?** は、「ねこに舌を取られたの?」
→「どうして黙りこんでるの?」という意味の慣用句です。

温めましょうか？

Shall I heat it up?

シャル　　アイ　　ヒーティット　　アップ

「温める」は heat up または warm up です。丁寧にいいたいときは Would you like me to ~? を使います。相手に温めてほしいときは、Can you heat it up? とお願いしましょう。

Shall I heat it up?
（温めましょうか？）

Yes, please.
（はい、お願いします）

memo 「電子レンジ」は **microwave** です。**Microwave it.** は「レンジでチンしてね」という意味になります。

冷えてます

It's already chilled.

イッツ　　　　オルレディ　　　　チルド

キンキンに冷えた飲み物は、ice cold drinks といいます。already は「すでに」「もう」という意味で、It's already ten o'lock!（もう10時だ！）という使い方をします。

It's already chilled.
（冷えてます）

It's chilled enough.
（よく冷えてるね）

memo **chilled** 形冷えた
ice cold 形キンキンに冷えた

なつかしい味がする

This tastes familiar.

ディス　　　テイスツ　　　ファミリア

「なつかしい」という意味の nostalgic ではなく、familiar を使います。慣れ親しんだ味という感じです。「大人の味」は acquired taste。ビールやウニのように、はじめは苦手でも徐々に好きになる味のことです。

This tastes familiar.
（なつかしい味がする）

We used to eat it a lot.
（昔はよく食べたよね）

memo 　　**familiar** 形よく知っている　　**acquired** 形習得した

used to 〜（昔は〜した）

94

食べすぎちゃった

We pigged out.

ウィ　　　　　ピッグ　　　ダウト

pig out は、文字通り豚みたいに「(衝動的に) すごくたくさん食べる」という意味です。日本と同じように、欧米でも豚は大食いのイメージがあります。

We pigged out.
(食べすぎちゃった)

My stomach is about to burst.
(お腹がはちきれそう)

memo　　　　　**Pigs might fly.** は「ありえない」という意味の慣用句です。豚が空を飛ぶなんて信じられないですものね。　　　**burst** 動破裂する

95

SUMIKKOGURASHI™

Nokosazutabetene sumikko bento.

TAKO WIENER

1 Wiener ni kireme o ireru.

2 Frying pan de yoku yaku.

3 Ashi ga hiraitara kansei...

Obento no star!

TAMAGOYAKI

1 Tamago o waru. Yoku mazete aji o tsukeru.

2 Frying pan de yoku yaku. Hashi de kurukuru makeba....

yummy!

3 Shirokuma tokusei tamagoyaki no kansei!

ONIGIRI

1 Gohan to Nori gu o yoi suru.

2 Gohan ni hitotsumami shio o furu. Sukina gu o nosete...

3 Shirokuma ni nigittemorau.

Shirokuma tokusei onigiri!

FRIED FISH

1 Sakana o yoi suru.

2 Tamago, komugiko, panko o tsukete...

3 Tonkatsu no ofuro ni ireru.

juh~

Hokahoka...

りょうり
Cooking

弱火で3分焼いてください
You cook it on low heat for three minutes.

➡ 強火／中火／弱火は、high / medium / low で表します。saute は「(少ない油で)焼く」、fry は「揚げる」です。

たまごは目玉焼きが好きです
Fried egg is my favorite egg dish.

➡ 「目玉焼き」は fried egg。中でも片面焼きで黄身（egg yolk）が半熟のものを sunny-side up といいます。

得意料理はおにぎりです
My best dish is rice balls.

➡ 得意料理は best dish または speciality といいます。dish はお皿ではなく「料理」という意味です。

揚げ物はタイミングが大事！
Timing is important for fried food!

➡ 揚げ物は fried chicken（フライドチキン）、fried oyster（カキフライ）のように、fried ～といいます。

memo
cook 動フライパンで焼く　**favorite** 形いちばん好きな
egg dish（卵料理）　**rice ball**（おにぎり）
フライドポテトは、**French fries**（アメリカ英語）、
chips（イギリス英語）です。

知っておきたい数字の読み方

意外と知らない、英語での数字の読み方。

ふだんの生活で役立つ、西暦、電話番号、部屋番号の読み方を確認しましょう。

①西暦

1981→nineteen eighty-one、2020→twenty twenty のように、２けたずつ読むのが基本です。ただし、00年は1900年→nineteen hundred、2000年→two thousand と、読みます。また、2001 ～ 2009年は two thousand and○○といういい方をすることがあります。and は入れなくてもかまいません。

②電話番号

基本的には、日本語と同じように数字を１つずつ読みます。0は「オウ」と読むことがありますが、ゼロでもまちがいではありません。同じ数字が2つ並んでいるときは double ○、3つ並んでいるときは triple ○と読みます。数字の間のハイフンは読まず、少し間をあけて発音しましょう。

③部屋番号

1けた、2けたの場合は、ふつうの数字の読み方と同じです。3けたは、上1けたと下2けたに分けます。528号室なら five twenty eight です。306号室のように真ん中に0が入っている場合は、three oh six と1つずつ読みます。4けたは、上2けたと下2けたに分けます。1830号室は eighteen thirty と読みます。

Chapter 4

くらす

あつい日も、さむい日も、いそがしいときも、暇なときも…
彼らはいつでもかわいいんです

さむがりなんです

I'm sensitive to cold.

アイム　　　　　　センスィティヴ　　　　トゥ　　　コウルド

寒くてぶるぶる震えることを、brrr といいます。SNS やメールに書くときは、「brrrrrrrrr」の
ように r の数を増やすと、より寒さを伝えられますよ。

I'm sensitive to cold.
（さむがりなんです）

Do you want a hand warmer?
（カイロあげようか？）

 memo　　　**sensitive** 形敏感な　　「使い捨てカイロ」は **disposable hand warmer**
といいます。日本のようなものは欧米ではあまり普及していません。

しまった！

Shoot!

シュート

同じ意味の言葉に sh＊t! がありますが、これはとても下品なのでおすすめできるいい方ではありません。「しまった」と思っている人をなぐさめるときは、No worries.（だいじょうぶ）といってあげましょう。

Guess what!

（ねえねえ）

Shoot!

（しまった！）

 memo 「ねえねえ」は、**hey** を使っても表せます。**Hey hey** と2回いうと、より日本語のイメージに近い使い方になります。

101

きれい好きだね

You love to keep things clean.

ユー　　　ラヴ　　　トゥ　　　キープ　　　　スィングズ　　　クリーン

You are a clean freak. ということもできますが、clean freak には「潔癖症」という意味が強いので、人によっては、いわれていい気持ちがしないかもしれません。使い方には注意！

You love to keep things clean.
（きれい好きだね）

The dust bothers me.
（ほこりがあると気になっちゃうんだよね）

memo **keep ～ clean**（～をきれいに保つ）

freak 图度を越すほどの愛好家　　**bother** 動悩ます

明日は晴れますように

I hope it's sunny tomorrow.

アイ　　　ホウプ　　　イッツ　　　サニー　　　　　トゥモロウ

欧米にはてるてる坊主をつるす習慣はありません。海外では雨ごいをすることはありますが、晴れを神様に願うのは世界でも珍しいことのようです。

I hope it's sunny tomorrow.
（明日は晴れますように）

I hope so.
（だといいけど）

memo 「快晴」は **clear** です。雲ひとつないいい天気という意味で、**It's a cloudless day.** ということもできます。

103

方向音痴なんです

I have no sense of direction.
アイ　ハヴ　ノウ　センス　オブ　ディレクション

旅先で道に迷ったら、Excuse me. How do I get to ～？（すみません、～に行くにはどうしたらいいですか？）とたずねましょう。地図を見ても自分がどこにいるのかわからないときは、Where am I?と聞くと、教えてもらえますよ。

I have no sense of direction.
（方向音痴なんです）

We should ask somebody.
（だれかに聞いたほうがいいんじゃない）

memo **have no sense of ～**（～のセンスがない）です。～には、**money**、**fashion**、**humor** などが使えます。

とても器用だね

You are very skilled with your hands.

ユー　　アー　　ヴェリー　　スキルド　　ウィズ　　ユア　　ハンズ

裁縫は一般的に sewing といいますが、手ぬいのものは needlecraft と呼ばれています。
thread a needle（針に糸を通す）、make a knot（玉結びをする）も知っておくと便利です。

You are very skilled with your hands.
（とても器用だね）

Anyone can do this.
（これくらいだれでもできるよ）

memo　　**be skilled with one's hands**（手先が器用）

anyone = anybody 代だれでも

つまらないものですが

This is a little something for you.

ディス　イズ　ア　リトー　サムスィン　フォー　ユー

a little something は小さいものではなく、「ちょっとしたもの」という意味です。little をつけることで、謙遜したいい方になります。英語にも謙遜の表現はあるんです。

This is a little something for you.
（つまらないものですが）

Can I open it?
（開けてもいい？）

memo　後に **I hope you like it.**（気に入るといいのですが）をつけるといいでしょう。

こっち向いて！

Turn around!

ターナラウン

つんっ

相手にいま向いている方向と反対の方向に向いてほしいときに使います。写真を撮るときによそ見している人に対しては、Look this way. といいます。

Turn around!
（こっち向いて！）

I can't be bothered.
（めんどくさいです）

memo **turn around**（振り向く）

I can't be bothered. はかたまりでまとめて覚えよう。

すくすく育ってね

Grow healthy.

グロウ　　　　　　ヘルスィー

植物を育てる場合は grow を使い、I grow cucumbers. のようにいいます。人を育てるなら raise または bring up です。I am raising / bringing up twins.（ふたごを育てています）のように使います。

Grow healthy.

（すくすく育ってね）

You must water everyday.

（毎日水をあげなきゃね）

 memo 「水をやる」は **water** を使います。**give water** とはいいません。

レモン買ってきてくれる？っていったかい？

Did you say...can I go get a lemon?
ディジュー　　　セイ　…　キャナイ　ゴウ　ゲッタ　　　　レモン

Can you go get 〜？は、おつかいを頼むときによく使われる表現です。go get と動詞が２つ並んでいるのはおかしいと感じるかもしれませんが、口語では go と come はこのような使い方をします。

> **Did you say... can I go get a lemon?**
> （レモン買ってきてくれる？っていったかい？）

> **Get a melon. Not a lemon.**
> （メロンだよ。レモンじゃないよ）

memo 「おつかい」は **errand** といいます。**run an errand** で「おつかいをする」という意味になります。

やっちゃった

I blew it.

アイ　　　ブルー　　　イッ

失敗したときに口をついて出るひと言です。「失敗した」「しくじった」という意味があります。
I messed up. も同じように使うことができます。

I blew it.
（やっちゃった）

You crack me up.
（笑えるんだけど）

memo **blew** は **blow**（風が吹く）の過去形。**crack up** には、「破裂する」「衝突する」という意味のほかに、「大爆笑する（させる）」という意味があります。

110

手をかしてくれる？

Can you give me a hand?

キャン　　　ユー　　　　ギミー　　ア　　ハンド

のびー

手伝いを頼むときに使われるフレーズです。手伝ってもらいたいことをいうときは、後ろに with 〜とつけ加えます。反対に自分から手伝いを申し出るときは、Do you need a hand? といいます。

Can you give me a hand?
（手をかしてくれる？）

What should I do?
（何をすればいいの？）

memo　不特定の人たちに「だれか手伝ってくれる人いませんか？」と聞きたいときは、**Is there anyone who can give me a hand?** といいます。

111

Sumikko gurashi™
konna ouchini sumitaina...

おうち
At home

食べてるのがいちばん幸せ
I am the happiest when I'm eating food.

➡ もう少し簡単に I'm a foodie. でも伝わるでしょう。foodie は食べることが大好きな
人のことです。

寝る子は育つ
You grow in your sleep.

➡ 直訳すると、「寝ている間に育つ」です。この you に「あなた」という意味はなく、一
般論を述べるときに使われるものです。

泳ぐの大好き！
Swimming is my joy!

➡ love を使って I love swimming. でも「大好き」な気持ちが伝わります。

おそうじしないとおちつかない
Cleaning makes me feel calm.

➡ 「そうじをするとおちつきます」という意味です。good や better を使って、「気分が
いい」ということのほうが多いようです。

---

memo		
	grow 動育つ	**sleep** 名眠り
	joy 名喜び	
	cleaning 名そうじ	**calm** 形穏やかな

やっかいだ

It's a hassle.

イッツ　ア　ハッソー

「面倒くさい」といいたいときにも使える表現です。hassle には「面倒なこと」「やっかいなこと」という意味があります。「ハッスルする」の hustle（張り切る、急ぐ）とは別の言葉です。

It's a hassle.
（やっかいだ）

I'm gonna help you untangle it.
（ほどくの手伝うよ）

 memo

untangle には、からまったヒモやネックレスなどを「ほどく」という意味もありますが、そこから派生する「解決する」も覚えておきましょう。

これはキツい

This is intense.
ディス　イズ　インテンス

運動やトレーニングがきついときに使えるのが intense です。衣服がきついときは tight、仕事や勉強なら tough、言葉がきついなら harshがよく使われます。

This is intense.
（これはキツい）

Your arms are twitching.
（あなた、腕がプルプルしてるよ）

 memo　**intense** 形激しい
　　　　twitch 動ピクピク動く

起きて！

Rise and shine!

ライズ　アン　シャイン

子どもに「さあさあ、起きてね！」と明るい雰囲気でいうときなどに使える表現です。人を起こしたいときにかける言葉には、get up と wake up 以外にこんなステキなものもあるんです。

Rise and shine!
（起きて！）

I'm still sleepy.
（まだ眠いよ）

 memo　主に、親が子どもを起こすときに使う表現です。
still 副まだ

116

正直しんどい

Honestly, I'm under the weather.

オネストリー　　　アイム　　　アンダー　　　ザ　　　ウェザー

なつばて

under the weather は「体調不良」という意味の慣用句です。夏バテがつらいのなら、I'm getting tired from the summer heat.（暑さで疲れている）のようにいうこともできます。

Honestly, I'm under the weather.
（正直しんどい）

You should keep yourself hydrated.
（こまめに水分をとるといいよ）

 memo　　**hydrate** は「水分補給する」という意味です。対義語は **dehydrate** で「脱水状態になる」という意味になります。

とってもすてき！

You look stunning!

_{ユー　　　ルック　　　スタニン}

stunning は「気絶させる」という意味ですが、転じて気絶させるほどすばらしいものに対して使うようになりました。容姿、服装、風景など見た目が美しいものによく使われる最上級のほめ言葉です。

You look stunning!

（とってもすてき！）

Wow! I'm flattered.

（わあ！　（お世辞でも）うれしいわ

 memo　　　**stunning** を連発すると大げさに聞こえます。使いすぎに注意しましょう。

がーん！

Bummer!

バマー

がっかりしたときに使う表現です。人から残念な話を聞いて同情するときは、That's a bummer.（それは残念だね）といいます。

Bummer!
（がーん！）

There's always next time.
（次だよ次）

memo **bummer** 图 いやなこと

「やらかした〜！」というときは、**I messed up big time!** が使えます。

あとちょっとだったね！

So close!
ソウ　　　　クロウス

せのじゅん

背の順は line up by height といいます。日本の学校では当たり前のように背の順で並びますが、海外の学校では背の順で並ぶことはまずありません。

If my legs were a bit longer, I would have come first.
（もう少し足が長かったら、1番だったのに）

So close!
（あとちょっとだったね！）

memo close は「近い」という意味なので、「おしい」「もう少し」といいたいときに使うことができます。

120

最後尾はここですか？

Is this the end of the line?

イズ　　ディス　　ズィ　　エンド　　オブ　　ザ　　ライン

じゅうたい

「列」は line、イギリス英語では queue です。「列に並ぶ」は wait in line、line up などのいい方があります。列に割り込んでくる人がいたら、Don't cut in line! ときっぱりいいましょう。

Is this the end of the line?
（最後尾はここですか？）

Yes, line up here.
（はい、ここに並んでください）

memo　割り込んできた人にやんわり指摘したいなら、**Excuse me, there is a line.**（すみません、並んでいるんですが）というのもいいでしょう。

121

ありえない！

No way!

ノウ　ウェイ

No way! はさまざまなシチュエーションで使える表現です。否定するときや驚いたときはもちろん、感動したときにも使うことができます。

No way!　You spent it all?
（ありえない！　全部使ったの？）

I'm deeply sorry.
（本当にごめんなさい）

memo　**deeply** 副深く、非常に

「お金を使う」というときは、**use** ではなく、**spend** を使います。

それはおかしい

That's insane.
ザッツ　　　　　　　　インセイン

からしかける？

insane は正気の沙汰ではない状態をいう言葉です。もともとはネガティブな意味でしたが、ほめ言葉として使われることもあります。日本語の「やばい」に似ていますね。

That's insane.
（それはおかしい）

It's not so bad.
（そんなに悪くないんだけどな）

memo **insane** の代わりに、**crazy** や **mad** を使うこともできます。

みちあんない
Give directions

~へはどう行ったらよいでしょう?
How can I get to ~ ?

➡️ 道を聞くときに使う定番の表現です。go to ではなく、get to を使います。

まっすぐ行って2つ目の角を右です
Go straight and turn right at the second corner.

➡️ 道案内をするときに使う表現はほぼ決まっています。「左／右に曲がる」は、Turn left / right. です。

3つ目の交差点を左に曲がってください
Turn left at the third crossroads.

➡️ crossroads は道が交わるところなので、最後に複数形の s が必要です。I'm at a crossroads.（人生の岐路だ）も覚えましょう。

ポストのななめ向かいにあります
It's kitty-corner from the mailbox.

➡️ in front of ~（~の前に）、across from ~（~の向かいに）、next to ~（~のとなりに）も覚えておくと役立ちます。

---

memo	
	get to ~（~に着く）　**straight** 副まっすぐに
	turn 動曲がる　**corner** 名角　**crossroads** 名交差点
	kitty-corner（対角線上に）
	mailbox 名ポスト（イギリスでは **post box**）

125

日本語にそっくりな英語のことわざ

英語にもことわざがたくさんあります。中には、日本語のことわざに意味が似ているものも。これからご紹介することわざが日本語で何というか考えてみましょう。

Phrase 1	**The early bird catches the worm.**
	（早起きの鳥は虫をつかまえる）

A. 早起きは三文の得

早起きが得をするのは世界共通のようです。early bird は「早起きの人」という意味でも使われます。また、「早割」を early bird rate、レストランで通常より早い時間に提供されるディナーを early bird dinner といいます。なお、wormは、ミミズやサナダムシなどの足がない細長い虫のことです。

Phrase 2	**Pudding rather than praise.**
	（ほめ言葉よりプディング）

A. 花よりだんご

英語では、だんごがプディングになります。プディングとは、小麦粉、米、果物などに卵、牛乳を加えて蒸した料理のこと。イギリスでは古くから作られ、カスタードプリンのようなお菓子だけでなく、肉を使った甘くないものもあります。Bread is better than the songs of birds.（鳥のさえずりよりパン）も同じような意味のことわざです。

Phrase 3	**Even Homer sometimes nods.**
	（ホメロスさえ時どき居眠りをする）

A. 弘法にも筆の誤り、さるも木から落ちる

ホメロスは、古代ギリシアの著名な詩人です。そのホメロスにも居眠りをしながらつくったような出来の悪い詩があることから、「どんなに優れた人でも失敗することがある」という意味になりました。時と場所を超えて、弘法大師とホメロスという偉大な文化人が似たような意味のことわざに登場するなんて、面白いですね。

Chapter 5

やすむ

まったり、ゆったり、ゴロゴロ…
とことんリラックスしきったすみっコたちの姿に、いやされます

ぬくぬくだね

You're as snug as a bug in a rug.

ユーアー　　　アズ　　スナッグ　　アズ　ア　　バグ　　イナラグ

bug（昆虫）という言葉にギョっとしたかもしれませんが、「温かくて心地よい」という意味の慣用句です。毛布や布団にくるまったり、こたつに入ったりして温まっている状態を表すのにぴったりです。

I wanna wear this forever.
（ずっと着てたい）

You're as snug as a bug in a rug.
（ぬくぬくだね）

 memo **I feel snug and warm.** ともいいます。**snug** は「温かくて気持ちよい」という意味です。

ほっこりします

It warms me up.

イッ　　　ウォームズ　　　ミー　　　アップ

日本でウォーミングアップといえば準備運動のことですが、warm up は「温める」「温まる」という意味でも使います。心がほっこりしたときは My heart warmed up.（心が温まった）といってみましょう。

It warms me up.
（ほっこりします）

I feel warm from inside.
（体の芯から温まるよね）

memo **warm up** には、「盛り上げる」という意味もあります。**He warmed up the audience.**（彼は観客を盛り上げた）などに使えます。

あ〜生きかえる

Ahh, I feel like a new person.

アー　　　アイ　フィール　　ライク　ア　　ニュー　　　パーソン

あげものコンビのひみつ

じゅわ〜

たまに油風呂に入りあげ直している

温泉に入ったり、森林浴をしたりすると、疲れが取れて元気が出る感じがしますよね。そんなときにいいたくなる表現です。person の代わりに man / woman を使うこともあります。

Ahh, I feel like a new person.
(あ〜生きかえる)

You look energetic.
(シャキッとして見えるよ)

memo 「生きかえる」は、**I feel revived.** ということもできます。**revive** は「復活させる」「(記憶などを) よみがえらせる」などという意味です。

130

このときがずっと続けばいいのに

I wish this moment could last forever.

アイ　ウィッシュ　ディス　　　モウメント　　　　クッド　　　ラスト　　　フォレヴァー

同じような意味で、Time flies when you're having fun.（楽しい時間はあっという間に過ぎる）という慣用句があります。みんな思うことは同じですね。

I wish this moment could last forever.
（このときがずっと続けばいいのに）

You are always in my heart.
（心はいつもそばにいるからね）

memo　　**I wish** で、「～だったらいいのに」と現実には叶わないことを願う気持ちを表せます。　　**moment** 图瞬間　　**last** 動続く　　**forever** 副永遠に

まったりしてます

I'm just chilling.

アイム　　　ジャス　　　チリン

「まったり」には chill がしっくりきます。chill には「寒気を覚える」「冷える」のほかに、何もしないで「のんびりすごす」という意味があります。話し言葉でよく使われる表現です。

I'm just chilling.
（まったりしてます）

I won't bother you.
（邪魔しないようにするね）

memo 「まったり」は、**chill out** でもいい表せます。

bother 動邪魔をする

ゴロンとしたい

I wanna lie down.

アイ　　　ワナ　　　ライ　　　ダウン

「横になる」は lie down です。仰向けとうつ伏せは、lie on your back / stomach といいます。
覚えておくと、診察やマッサージのときにいわれても、とっさに動くことができますね。

I wanna lie down.
（ゴロンとしたい）

Again?
（また？）

 memo **lie** と似ている動詞に **lay** があります。こちらは、「(〜を) 横にする」「寝かし
つける」という意味ですので区別しておきましょう。

133

ごくらく、ごくらく

I'm in heaven.

アイミン　　　　　　ヘヴン

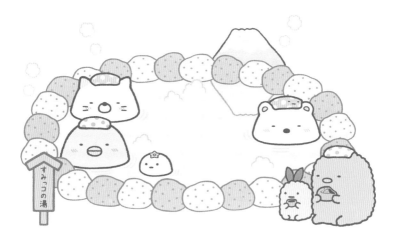

お風呂につかると、ふとつぶやきたくなる表現ですよね。「ごくらく」は Sukhavati ですが、なじみのない言葉なので、heaven または paradise ということが多いです。

I'm in heaven.
（ごくらく、ごくらく）

I can spend hours in the bathtub.
（何時間でも入っていられるよね）

memo　　**heaven** 名天国

　　　　paradise 名楽園

せまいところがおちつくんです

I feel comfortable in small spaces.

アイ　フィール　　　　　カンファタブル　　　イン　　スモール　　スペイシーズ

部屋や空間がせまいときは、small を使います。narrow を使う人もいますが、一般的には
This street is narrow. (この道はせまい) のように、幅がせまいことをいうときに使われます。

I feel comfortable in small spaces.
(せまいところがおちつくんです)

I'm claustrophobic.
(わたしは閉所恐怖症なの)

 memo 閉所恐怖症という単語が思い浮かばなくても、**I'm afraid of small spaces.** (せまい空間がこわいんです) で伝わります。

大切にするね

I'll treasure it.

アイル　　　　　　トレジャー　　　　イッ

ありがとう…　　どうぞ

心のこもったプレゼントをもらったら、Thank you. の後に続けていいたい言葉です。とっても
うれしい気持ちが相手にも伝わるはずです。

I'll treasure it.
（大切にするね）

I'm glad you like it.
（気に入ってくれてよかった）

memo **treasure** は「宝物」という意味ですが、動詞にすると「大切にする」という
意味になります。

いい感じにやけているね

You've got a tan.

ユーヴ　　　　　　　ガタ　　　タン

こんがり♪
〜♪

suntan と sunburn はどちらも「日やけ」という意味です。suntan は小麦色の健康的な日やけを表すのに対し、sunburn は肌が赤くなって皮がむけるくらいの日やけを指します。

You've got a tan.
（いい感じにやけているね）

Actually, I wanna get more tanned.
（正直、もっとやきたいんだよね）

memo **tan = suntan**（日やけ）

tan は動詞（日やけする）としても使えます。

あ～そこそこ

Oh, right there.

オウ　　　ライ　　　ゼアー

ぎ〜・・・

かたたたき

pressure point（ツボ）を押してもらうと、本当に気持ちいいですよね。もう少し強く押して
ほしいなら、Could you press a little harder? とお願いしましょう。

Oh, right there.
（あ～そこそこ）

You have stiff shoulders.
（肩がこってますね）

memo　　**right** 副ちょうど　　**press** 動押す　　**stiff** 形こった

　　　　shoulder 名肩

138

ゆでだこみたい

You are as red as a lobster.

ユー　　　アー　　　アズ　　　レッド　　　アザ　　　　　ロブスター

「ロブスターのように赤いね」という意味です。ゆでだこのように真っ赤になった状態を英語では lobster（ロブスター）といいます。ゆで上がったロブスターも真っ赤ですからね。

You are as red as a lobster.
（ゆでだこみたい）

　　　　　　　　　　　I couldn't help taking a long bath.
　　　　　　　　　　　（つい長風呂しちゃって）

memo 　**as 〜 as ...**（…のように〜だ）

could not help -ing（つい〜せずにはいられなかった）

139

すみっコぐらし™
ここがおちつくんです

のりもの
Transportation

～駅まではいくらですか?
How much is the fare to ～ Station?

➡ 交通機関の運賃は fare といいます。電車運賃は train fare 、航空運賃は airfare です。

～駅へはどの電車が行きますか?
Which train goes to ～ Station?

➡ 「どの電車が」「行きます」「～駅へ」と直訳的に考えれば英語にできます。goes to の
代わりに stops at にしても似たような意味になります。

どの駅で乗り換えたらいいですか?
Where should I change trains?

➡ 電車から別の電車へ乗り換えるので、trains と複数形にします。「乗り換える」は、
change lines またはtransfer ともいいます。

次は何駅ですか?
What's the next station?

➡ 2つ目の駅 (the second station)、3つ目の駅 (the third station) もあわせて覚
えておきましょう。

---

memo

目的地までの所要時間をたずねるときは、**How long does it take?** と
聞きます。「～駅までタクシーで行きましょう」などと、交通手段を提案すると
きには、**take** を使って **Let's take a taxi to ～ station.** といいます。

ひと休みしよう

Let's take a break.

レッツ　　　　テイク　　　ア　　　　ブレイク

break は「休憩」という意味です。「休憩中」は I'm on break. といいます。体の調子が悪そうな人に休息をすすめるときは、Make sure you get some rest. のように、rest を使います。

Let's take a break.
（ひと休みしよう）

Hot dog!
（やったー！）

 memo　　**Hot dog!** は喜びを表す表現で、食べもののホットドッグとは関係ありません。「待ってました！」といいたいときは **At last!** と表現できます。

バカンス中です

I'm on vacation.

アイモン　　　　　　　ヴェイケイション

vacation と holiday はどちらも「休みの日」のことですが、vacation は「長期休暇」のことをいうのに対し、holiday は「祝日」を表します。イギリスでは長期休暇も holiday といいます。

I'm on vacation.
（バカンス中です）

I'm so jelly.
（うらやましい）

 memo　**jelly** は俗語で「ヤキモチを焼く」という意味。**Lucky you!** でも「いいね～!」
という意味で似たような気持ちを伝えられます。

143

いやされます

This song is soothing.
ディス　　　ソング　　　イズ　　　スージン

音楽や音に「いやされる」といいたいときに使えるのが soothing です。いやしの音楽は soothing music、または relaxing music と表現できます。

This song is soothing.
（いやされます）

I'm gonna play another song.
（もう一曲演奏しますね）

memo **soothing** 形 気持ちをおちつかせる

gonna = going to

のんびりしよう

Let's chillax.

レッツ　　　　　　チラックス

chillax は、chill（のんびりする）と relax（くつろぐ）という、似た意味の言葉を組み合わせた比較的新しい造語です。ともだち同士の会話で使われています。

Let's chillax.
（のんびりしよう）

Sounds great.
（いいね）

memo　今まさにのんびりしているなら、**I'm chillaxing.** でくつろいでいる様子を表現できます。

ものぐさなもので

I'm a couch potato.

アイマ　　　　　　　カウチ　　　　　　ポテイトウ

couch potato とは、一日中ソファでゴロゴロしながらテレビを観ている人のことです。怠け者やだらけている人を表すときにも使います。

I'm a couch potato.
（ものぐさなもので）

Aren't you bored?
（退屈じゃないの？）

memo　　　**couch** は長いす、**potato** はジャガイモのこと。ゴロゴロしている人をジャガイモに見立てて皮肉った表現です。

居心地いいね

It's cozy here.
イッツ　　　　コウズィ　　　　ヒア

cozy は「温かくて心地よい」という意味です。128ページの snug と似ています。場所について使うときは、「こぢんまりしていておちつくところ」というニュアンスがあります。

It's cozy here.
（居心地いいね）

I tend to stay long here.
（ついつい長居しちゃう）

 memo　　アメリカでは **cozy**、イギリスでは **cosy** と表記します。

寝落ちした

I fell asleep.

アイ　　フェル　　　　アスリープ

本を読んでいる最中に寝落ちしたといいたいときは、asleep の後に while reading a book を
つけます。疲れているときはベッドで寝るのが一番。しっかり休んでくださいね。

I fell asleep.
(寝落ちした)

It happens.
(そんなこともあるよ)

memo 「意識を失う」という意味の **pass out** も使います。**pass out from**
drinking で「酔いつぶれる」という意味になります。

ぼーっとするのが好きです

I like daydreaming.

アイ　ライク　　　　　　　デイドリーミン

daydream は「空想にふける」という意味ですが、ぼーっとしている状態をいうときにも使います。上の空で話を聞いていると、Stop daydreaming. と注意されることも。

I like daydreaming.
（ぼーっとするのが好きです）

You are often spacing out.
（よくぼーっとしてるもんね）

memo **zone out**、**space out** にも「ぼーっとする」という意味があります。

いっしょにいるとおちつきます

I feel at ease with you.

アイ　　フィール　　　　　　アッティーズ　　　　　　ウィズ　　　　　ユー

「いっしょにいると楽しい」は I enjoy being with you. といいます。一方、「いっしょだと疲れる」は I'm tired of being with you. です。人からこういわれないよう気をつけたいものです。

I feel at ease with you.
（いっしょにいるとおちつきます）

You always make my day.
（いつも楽しませてくれるよね）

 memo　**feel at ease with ～**（～といると安心する）

make my day（楽しませてくれる）

150

いい夢見てね

Sweet dreams.

スウィート　　　　　　ドリームズ

家族や恋人に「おやすみなさい」と伝えたいときに使える表現です。Good night. の後に続けていうこともあります。「いい夢」は good dream ではなく、sweet dream です。

Sweet dreams.
（いい夢見てね）

You too.
（あなたもね）

memo 　似たような意味で、**Sleep tight.**（ぐっすり寝てね）もよく使われます。

すみっコぐらし ♨

ぬくぬく湯ごもり

おふろ
Bathing

ここでは服を脱いでください
Please take off your clothes here.

➡ 「脱ぐ」は put off、「着る」は wear または put on です。海外の温泉は水着を着用するのが一般的です。

お背中流しましょうか?
Would you like me to wash your back?

➡ 「~しましょうか」と提案するときは、Would you like me to ~? を使います。

のぼせないように注意!
Be careful not to get dizzy!

➡ Be careful ～ は注意を促すときに使う表現です。差し迫った危険を知らせるなら、Watch out! といういい方もあります。

お風呂上がりの一杯は最高♪
A drink after a bath is the best.

➡ a drink のところに、a glass of milk(牛乳)、a beer(ビール)と入れるのもいいですね。

---

memo	clothes は「クロウズ」と発音します。
	wash 動洗う　back 名背中
	dizzy 形めまいがする

153

INDEX

さくいん

監修	サンエックス
執筆協力	山崎香織
装丁・本文デザイン	鈴木章、小松礼（skam）
英文協力	嶋本ローラ
録音協力	嶋本ローラ、久米由美（スタジオスピーク）
校正	前嶌和佳、ワット・ジェイムズ
組版	ハタ・メディア工房
編集	山田吉之（リベラル社）
編集協力	上杉葉子、桐野朋子
	（以上、サンエックス株式会社）
編集人	伊藤光恵（リベラル社）
営業	澤順二（リベラル社）
制作・営業コーディネーター	仲野進（リベラル社）

編集部　渡辺靖子・堀友香・須田菜乃
営業部　津村卓・津田滋春・廣田修・青木ちはる・大野勝司・竹本健志

すみっコぐらしの英会話

2020 年 2 月 27 日　初版
2022 年 4 月 9 日　再版

編　集	リ ベ ラ ル 社
発行者	隅 田 直 樹
発行所	株式会社 リベラル社
	〒460-0008 名古屋市中区栄 3-7-9 新鏡栄ビル 8F
	TEL 052-261-9101　FAX 052-261-9134
	http://liberalsya.com
発　売	株式会社 星雲社 （共同出版社・流通責任出版社）
	〒112-0005 東京都文京区水道 1-3-30
	TEL 03-3868-3275